Santorin
Vulkanische Minerale und Gesteine

Volker Lapczynski, Ingrid und Isabella Radtke

Santorin
Vulkanische Minerale und Gesteine

Volker Lapczynski, Ingrid und Isabella Radtke

Bibliografische Information der Deutschen Nationalbibliothek
Die Deutsche Nationalbibliothek verzeichnet diese Publikation in
der Deutschen Nationalbibliografie; detaillierte bibliografische
Daten sind im Internet über http://dnb.dnb.de abrufbar.

Herstellung und Verlag
BoD – Books on Demand, Norderstedt

ISBN: 978-3-7481-6682-5

Spyros Marinos,

dem Griechen,

Lehrmeister und Arzt.

Münster in Westfalen

— Ευχαριστώ!υχαριστώ!

Inhalt

Vorwort

Im Herbst 2018 haben wir als Familie an einer von Volcano Adventures organisierten Wander- und Studientour auf der Insel Santorin teilgenommen. Bei dieser Reise haben wir einige Minerale und Gesteine gesammelt. Vielen Dank an den Reiseleiter und »Hobby«-Geologen Tobias Schorr, der bei dem Bestimmen mit Rat und Tat zur Seite stand. Efkaristo!

Nach dem Urlaub habe wir mit hilfe von Wikipedia.de das Wissen über diese »Steine« sytematisiert. Dabei ist eine übersichtliche und leicht verständliche Zusammenfassung entstanden.

Vielen Dank an Wikipedia.de für sehr gute Texte, die teilweise in ganzen Passagen, weil sie so gut sind, übernommen wurden. Einige Illustrationen in diesem Dokument sind von Wikipedia.de. Danke an Fabian Goldstein, Geologe von Vulkankultour.de für seine guten fachlichen Kommentare. Vielen Dank auch an Tobias Daur, Philosoph und Typograph von Lands-Concepts.com für seinen typografischen Ratschläge.

Oslo im November 2018
Volker Lapczynski, Ingrid Radtke und Isabella Radtke

Abbildung 1. Sonnenuntergang hinter dem Ort Oia und der Insel Thirasia. Bei der Kapelle auf dem Weg von Fira nach Oia.

Santorin

Santorin (neugriechisch Σαντορίνη, meist Santorini transkribiert, von italienisch Santa Irene) ist ein kleiner griechischer Archipel im Süden der Kykladen sowie dessen Hauptinsel, die im Griechischen zumeist Thira (griechisch Θήρα ['θira] (f. sg.), nach Transkription aus dem Altgriechischen Θήρα auch Thera, was »Jagd« oder »Jagdbeute« bedeutet) genannt wird.

Santorin wurde 2011 von etwa 17.430 Einwohnern bewohnt. Seit der Verwaltungsreform 2010 ist es unter dem Namen Thira gleichzeitig eine Gemeinde (griechisch dimos) in der Region Südliche Ägäis.

Abbildung 2. Satellitenbild von Santorin. Zentral gelegene große Vulkaninsel Nea Kameni und kleinere, grün dargestellte Vulkaninsel Palea Kameni. Außen die Caldera, auch Hauptinsel mit Flughafen und sichtbarer Besiedelung vor allem im Hauptort Thira. Die Insel Thirasia im Nordwesten.

*Abbildung 3. Landkarte der Ägäis mit rot markierte Kykladen. Av
Pitichinaccio - Eigenes Werk, CC0, Public Domain,*
https://commons.wikimedia.org/w/index.php?curid=3260140

Orte auf Santorin

Oia

Die Inselgruppe gliederte sich seit der griechischen Gemeindereform von 1997 in zwei Gemeinden. Der Norden der Insel Thira und Thirasia bildeten zusammen mit den Felseneilanden Agios Nikolaos und Kimina die selbstständige Landgemeinde Ia (Κοινότητα Οίας) mit dem gleichnamigen Hauptort (auch als Oia transkribiert).

Fira

Der Großteil der Insel Thira mit allen übrigen Inseln bildete die Gemeinde Thira (Δήμος Θήρας), mit dem Hauptort Fira. Durch die Verwaltungsreform 2010 wurden beide Gemeinden zur neuen Gemeinde Thira vereint, die nun die gesamte Inselgruppe Santorin umfasst. Die ehemaligen Gemeinden wurden zu Gemeindebezirken.

Zur Gemeinde Thira gehören ferner die etwa 18 km südwestlich der Hauptinsel gelegenen, unbewohnten Christiana-Inseln (Χριστιανά) Christiani (Χριστιανή), Askania (Ασκανιά) und Eschati (Εσχάτη), die den südlichsten Punkt der Präfektur Kykladen bilden, sowie die kleine Insel Anydros (Άνυδρος) oder Amorgopoula (Αμοργοπούλα), die knapp 25 km nordöstlich von Thira liegt.

Athinios

Athinios Hafen oder einfach Athinios (Griechisch: Αθηνιός) ist der wichtigste Fährhafen von Santorini, ca. 10 km südlich der Hauptstadt Fira. Es ist der einzige Hafen auf Santorin mit regelmäßigen Passagierfähren, die die Insel mit Piräus, den Kykladen und Kreta verbinden. Athinios ist von steilen, vielfarbigen Vulkanklippen umgeben, entlang derer sich eine Straße nach oben im Zickzack vorwärts und rückwärts windet.

Die Sea Diamond war ein ehemaliges Fährschiff, das in ein Kreuzfahrtschiff umgebaut wurde und unter griechischer Flagge fuhr. Sie lief Anfang April 2007 in der Nähe des Hafens Athinios auf Grund und sank.

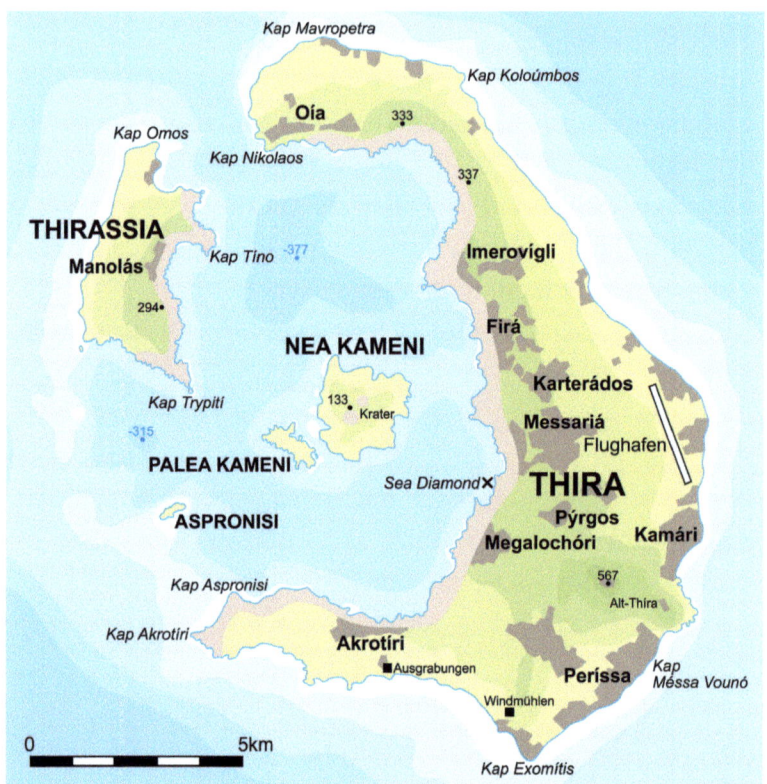

Abbildung 4. Santorin. Von Joe MiGo - Eigenes Werk, CC0,
https://commons.wikimedia.org/w/index.php?curid=12709223

Akrotiri

Akrotiri (griechisch Ακρωτήρι, Neutrum Singular) ist eine archäologische Ausgrabungsstätte im Süden der Insel. Im Jahr 1967 entdeckte der Archäologe Spyridon Marinatos eine Stadt der Kykladenkultur mit starkem Einfluss der minoischen Kultur. Die Stadt wurde in ihrer Blütezeit durch einen Vulkanausbruch verschüttet und so für über 3500 Jahre bis zu ihrer Freilegung im 20. und 21. Jahrhundert konserviert. Der exzellente Erhaltungszustand der Gebäude und herausragender Fresken erlaubt Einblicke in die Sozial-, Wirtschafts- und Kulturgeschichte der Bronzezeit in der Ägäis.

Abbildung 5. Archäologische Ausgrabungsstätte Akrotiri

Die Ausgrabungsstätte ist nach dem heutigen Dorf Akrotiri benannt. Es liegt etwa 700 Meter nordwestlich oberhalb der Ausgrabung auf einem Hügel mit den ältesten Vulkangesteinen der Insel.

Geologie in Santorin

Im Pliozän vor etwa 3 Millionen Jahren verursachten Bewegungen an den Plattenrändern den Einbruch und die Überflutung des Kykladen-Massivs. Am Südrand führte die Subduktion der Afrikanischen Platte unter die Ägäische Platte zum Aufschmelzen des Krustenmaterials und zur Bildung eines vulkanischen Inselbogens. Der Santorin-Archipel liegt im zentralen Bereich dieses sogenannten Kykladenbogens.

Abbildung 6. Der Kykladenbogen ist ein vulkanischer Inselbogen im südlichen Ägäischen Meer. Er ist ca. 450 km lang und 20 km bis 40 km breit und verläuft vom Isthmus von Korinth bis zur kleinasiatischen Bodrum-Halbinsel. Auf diesem Bogen liegen die griechischen Vulkaninseln Ägina, Methana (Halbinsel), Milos, Santorin, Nisyros, Gyali, Kos und Poros sowie der Unterwasservulkan Kolumbos und die kleinen, unbewohnten Christiana-Inseln. Von Giorgostr - Eigenes Werk, CC BY-SA 3.0,
https://commons.wikimedia.org/w/index.php?curid=14972520

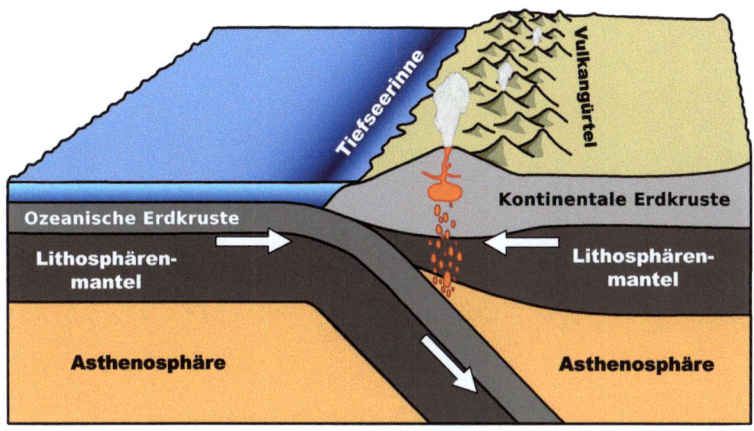

Ozeanisch-kontinentale Konvergenz

Abbildung 7. Stark vereinfachte Darstellung einer konvergenten Plattengrenze mit Subduktion ozeanischer Lithosphäre unter kontinentale Lithosphäre. In einer Zone südlich von Kreta (Tiefseegraben) schiebt sich die Afrikanische Platte mit gegenwärtig 5 cm pro Jahr unter die Ägäische Platte, eine Teilplatte der Eurasischen Platte. In Tiefen von ca. 150 bis 180 km wird das darüberliegendes Gestein oberhalb der unterschobenen Platte durch aus jener entweichende flüchtige Bestandteile (Wasser, z.b. aus Kristallgitter, zu einem geringeren teil aus Kohlendioxid und Halogene) geschmolzen. Durch diese dann in der Schmelze gelösten Gase bekommt das geschmolzene Gestein Auftrieb und steigt in einer bogenförmigen Zone ca. 120 km nördlich von Kreta in Form von Vulkanen wieder an die Erdoberfläche. Von MagentaGreen - http://pubs.usgs.gov/ publications/text/understanding.htmlhttp://pubs.usgs.gov/gip/ dynamic/graphics/Fig21oceancont.gif, CC BY-SA 3.0, https://commons.wikimedia.org/w/index.php?curid=31536563

Abbildung 8. Caldera-Wand. Die Caldera-Wand zeigt die Schichtung des vulkanischen Gesteins. Die obere Schicht bis zur schwarzen Linie besteht aus einer bis zu 70 m mächtige Bimssteinschicht.

Die Basis des Santorin-Archipels bildet ein nichtvulkanisches Grundgebirge aus tertiären Phylliten und obertriassischen Riffkalken, die teilweise in Marmor umgewandelt sind. Bei Athinios ist im Obermiozän in diese metamorphen Gesteine Granit eingedrungen. Den Hauptteil des Santorin-Archipels bilden mehrere Vulkankomplexe, die das Grundgebirge teilweise überlagern.

Dieses Grundgebirge bildete als Rest des Kykladen-Massivs eine nicht-vulkanische Insel und reicht vom Profitis Ilias-Massiv sowie den Gavrilos Hügel im Südosten bis zur Caldera-Wand bei Athinios und dem Kap Thermia im Westen. Die vulkanische Tätigkeit setzte vor etwa 1,6 Millionen Jahren bis 600.000 Jahren ein. Ein Eruptionszentrum südwestlich des Kykladen-Massivs bildete eine neue Insel, die bestehende wurde teilweise überdeckt. Vor 500.000 Jahren entstand im Norden von Thira ein weiterer Vulkan, während durch weitere Aktivitäten im Süden die vulkanischen und die nicht-vulkanischen Inseln vereinigt wurden. Zwei gewaltige Eruptionen vor 200.000 und 180.000 Jahren förderten eine bis zu 70 m mächtige Bimssteinschicht und überlagerten die bisherigen Vulkane. Aufgrund der Entleerung der Magmakammer kam es zu einem vulkanotektonischen Einbruch und zur Bildung der ersten Caldera.

Insgesamt förderten zwölf explosive Eruptionen mit einem VEI-Wert von 5 oder höher (für die Minoische Eruption wird ein VEI-Wert von 7 diskutiert) in den vergangenen 200.000 Jahren die Hauptmenge der vulkanischen Produkte. Aktiven Phasen folgten Ruheperioden, anhand verkohlter Pflanzenreste konnte die Bodenbildung während längerer Ruhephasen nachgewiesen werden.

Die Gestalt des Archipels veränderte sich mehrfach. Kräftigen Eruptionen folgte viermal die Bildung einer Caldera. Dieser wiederholte Wechsel von Vulkanbildung und vulkanotektonischen Einbrüchen ist heute im nördlichen Teil der Caldera nachweisbar. Infolge von drei explosiven Eruptionen entstanden die Skaros-Caldera vor weniger als 100.000 Jahren, die Kap Riva-Caldera vor 21.000 Jahren und die heutige Caldera vor etwa 3600 Jahren, verursacht durch die Minoische Eruption. In deren Folgezeit setzten nahe dem Zentrum der Caldera unterseeische Eruptionen mit Lavaausflüssen ein und bauten in mehreren Phasen während der vergangenen 2200 Jahre den Kameni-Vulkan mit den gleichnamigen Inseln vom Caldera-Grund in 500 m Meerestiefe auf.

Mit drei Ausbrüchen im 20. Jahrhundert ist der Kameni-Vulkan der aktivste Vulkan (neben Nisyros) im östlichen Mittelmeer.

Abbildung 9. Geologisch gefährliche Bebauung am Calderarand i Fira.

Nea Kameni

Nea Kameni (griechisch Νέα Καμένη (f. sg.) »neue Ver-
brannte«) ist die unbewohnte griechische Vulkaninsel in der
südlichen Ägäis, die administrativ zur Gemeinde Thira
innerhalb der Region Südliche Ägäis (Περιφέρεια Νότιου
Αιγαίου) gehört. Die Insel liegt in der Caldera von Santorin,
etwa 1430 Meter westlich der Hauptinsel Thira. Ungefähr
280 Meter südwestlich von Nea Kameni befindet sich die
ältere Nachbarinsel Palea Kameni.

*Abbildung 10. Aussicht von Fira auf Nea Kameni und Palea
Kameni (verdeckt). Im Vordergrund Seilbahn.
Keuzfahrschiffterror im Mittelgrund.*

Nea Kameni ist fast rund und hat bei einer Fläche von 3,338
km² einen Durchmesser von etwa 2 Kilometern. Die fast
vegetationslose Insel wird in der Saison täglich von zahlreichen Touristenbooten angefahren. Die Besucher besteigen
den 127 Meter hoch gelegenen Vulkankrater, aus dem stän-
dig schwefelhaltiger Rauch aufsteigt.

Abbildung 11. Überwachungsgeräte auf Nea Kameni 2018

Abbildung 12. Visualisierung einer Fumarole mit Rauch von einer Zigarette.

Abbildung 13. Am Vulkankrater auf Nea Kameni

Palea Kameni

Palea Kameni (griechisch Παλαιά Καμένι (f. sg.) »alte Ver-brannte«).

Bei einer Länge von 900 m und einer Breite von 200 m misst Palea Kameni gut 0,525 km² und erreicht eine Höhe von knapp 98 Metern. Die Insel ist vegetationsarm. Außer einer kleinen Kapelle im Norden gibt es nur wenige Gebäude, die Hütte eines Einsiedlers Sostis Arvanitis, der der einzige Bewohner dieses Eilands ist. Hier befinden sich auch warme unterseeischen Quellen, die von den zahlreichen Touristen-booten als Badegelegenheit angefahren werden.

*Abbildung 14. Das Haus und das Boot von Sostis Arvanitis auf
Palea Kameni.*

Sostis Arvanitis

Abbildung 15. Einige von Sostis 70 Ziegen.

Sostis Arvanitis kommt aus dem Dorf Akrotiri. Früher arbeitete er als Fischer und Seemann. Seit 1988 lebt er auf Palea Kameni in seinem tonnenförmiges Haus. Dort lebt er vom Gemüseanbau und der Ziegenhaltung. Er kauft jeden Monat ca. 40 Säcke Futter für seine Ziegen und Schweine. Ab und an verdient er sich etwas Geld durch Bootsfahrten durch den Kratersee für Reisegruppen hinzu. Der griechische Staat hat Sostis Arvanitis das lebenslange Recht gewährt, auf der Insel zu leben.

Abbildung 16. Überfahr mit Sostis nach Palea Kameni.

Santorin

Minerale und Gesteine auf Santorin

Durch seinen vielfältigen geologischen Aufbau ist Santorin reich an unterschiedlichen Gesteinen, die jeweils interessante Minerale enthalten können. In den vulkanischen Gesteinen Basalt, Dazit, Bims und Tuff gibt es Gasblasen, die Hohlräume zur Bildung von Minerale anboten. Darin findet man unter anderem Quarzkristalle und Zeolithe (Natrolith, Chabasit). In Vulkangesteinen, die hydrothermal verändert wurden und silikatreich sind, findet man Chalcedon, Quarz, Achat und Opal (meist als Hyalit). Sehr selten können Nebengesteine in eine Magmakammer geraten sein und wurden dort metamorphisiert, wobei Skarn entsteht. Darin findet man Granat und Pyroxen-Kristalle (bis 3 cm). Im Bereich der älteren Grundgesteine, die zum Beispiel am Hafen Athinios zu finden sind (Schiefer, Marmor und Dolomit), gibt es Vererzungen, die an alte tektonische Störungen gebunden sind. Diese sind durch deutliche schwarze oder rötliche Gänge erkennbar. Dort gibt es folgende Minerale: Galenit/Bleiglanz (bis zu 3 cm große Einsprenglinge), Cerussit, Linarit (sehr selten), Malachit, Dolomit-Kristalle, Kupferkies (meist als limonitisierte Pseudomorphosen).

Atlas

Atlas der während der Wanderungen auf Santorin gefundene Minerale und Gesteine. Wir haben auch Tonscherben gesichtet, die Mitnahme von Tonscherben ist aber verboten.

Fundstellen

In der Umgebung von Akrotiri Dorf.

Minerale

Ein Mineral ist ein Element oder eine chemische Verbindung, die im Allgemeinen kristallin und durch geologische
Prozesse gebildet worden ist.

Quarz

Quarz, auch Tiefquarz oder α-Quarz genannt, ist ein Mineral mit der chemischen Zusammensetzung SiO2 und trigonaler Symmetrie. Er ist die auf der Erdoberfläche stabile Form (Modifikation) des Siliciumdioxids und nach den Feldspaten das zweithäufigste Mineral der Erdkruste. Bei einer Temperatur von über 573 °C (unter einem Druck von 1 bar) geht Tiefquarz durch Änderung der Kristallstruktur in Hochquarz über. Mit einer Mohshärte von 7 gehört Quarz zu den harten Mineralen und dient als Bezugsgröße auf der bis 10 (Diamant) reichenden Skala nach Friedrich Mohs. Er bildet oft gut entwickelte Kristalle von großer Formen- und Farbenvielfalt, deren Kristallflächen Glasglanz aufweisen. Quarz besitzt keine Spaltbarkeit, bricht muschelig wie Glas und zeigt auf den Bruchflächen einen fettigen Glanz. In der Industrie ist Quarz eines der wichtigsten Minerale und hat gleichermaßen als Baustoff wie als Rohstoff für die Keramik-, Glas- und Zementindustrie weltweite Bedeutung. Quarzkies und gebrochener Quarz sind Rohstoff zur Gewinnung von Silicium. Darüber hinaus werden Quarz und seine farbigen Varietäten seit alters her als Schmuckstein geschätz. Quarzkristalle werden auch künstlich hergestellt: Daraus geschnittene Schwingquarze dienen als Taktgeber in elektronischen Schaltungen und Quarzuhren. Gelegentlich wird Quarz mit dem Calcit verwechselt, kann jedoch durch seine größere Härte, die niedrigere Doppelbrechung und die Reaktion des

Calcits mit verdünnter Salzsäure leicht von diesem unterschieden werden.

Abbildung 17. Quarz

Abbildung 18. Quarz

Opal

Der Opal ist ein häufig vorkommendes Mineral aus der Mineralklasse der »Oxide und Hydroxide«. Als amorpher Festkörper besitzt Opal (ähnlich wie Glas) keine Kristallstruktur und tritt meist als massige Gangfüllung oder knollig ausgebildet auf. Wichtig am opal ist auch das Vorhandensein von Wasser! Bei unversiegelten opalen kann bei schmucksteinen das farbspiel verlorengehen.

Abbildung 19. Opal

Gemeiner Opal

Zu den Gemeinen Opalen zählt der Hyalit (von griech. hya-los = Glas) oder auch Glasopal, der als einfacher, wasserkla-rer Opal mit traubig-nieriger bis krustenförmiger Ausbil-dung kein Farbenspiel zeigt.

Abbildung 20. Hyalit oder auch Gemeiner Opal.

Chalcedon und Opal

Der Chalcedon (latinisierte Form von griechisch χαλκηδών) oder in eingedeutschter Schreibung Chalzedon ist eine faserige, mikrokristalline Gefügevarietät des Minerals Quarz.

Nach älteren Quellen gilt der Begriff Chalcedon für alle faserigen Formen von mikrokristallinem Quarz (einschließlich Quarzin), für alle schwach bis gar nicht gefärbten, massigen Vorkommen von mikrokristallinem $SiO2$ oder wird als Oberbegriff für alle Erscheinungsformen von feinkristallinem Quarz verwendet (Feuerstein, Hornstein, Achat, Onyx, Jaspis ...). Dies sind genau genommen aber Gesteine, die aus verschiedenen Gefügevarietäten des Quarzes bestehen, der $SiO2$-Modifikationen Mogánit sowie weiterer färbenden Verunreinigungen. In der modernen Mineralogie wird der Begriff Chalcedon enger gefasst.

Chalcedon ist farblos bis bläulich grau. Verunreinigungen bewirken verschiedenste Färbungen, meist braun, rötlich oder grün. Chalcedon ist durchscheinend, trüb, besitzt einen wächsernen Glanz und ist mit einer Mohshärte von 6,5–7 fast so hart wie Quarz.

Bei anderen Farbtönen verwendet man unterschiedliche Bezeichnungen. Rote bis braune Chalcedone sind bekannt als Karneol (Sarder), die grüne Vielzahl, die durch Nickeloxid gefärbt sind, nennt man Chrysoprase (künstlich gefärbte werden grüngebeizter Achat genannt) oder Plasma, smaragdgrüne Chalcedone erhalten durch Eisenoxid ihre dunkelgrüne Farbe. Plasma wird manchmal mit kleinen Jaspis-Punkten gefunden die Bluttropfen ähneln, weshalb er Heliotrop (Blutjaspis) oder irreführenderweise Blutstein genannt wird. Das weithin als Blutstein bekannte Mineral ist Hämatit, ein Eisenoxid.

Weitere Bezeichnungen, die für Chalcedon gefunden werden, sind Jasponix, Massik, Quarzin, Zoesit, blauer oder kalifornischer Mondstein und Milchstein.

Abbildung 21. Chalcedon mit Opalen.

Gesteine

Als Gestein bezeichnet man eine feste, natürlich auftretende, in der Regel mikroskopisch heterogene Vereinigung von Minerale, Gesteinsbruchstücken, Gläsern oder Rückständen von Organismen. Das Mischungsverhältnis dieser Bestandteile zueinander ist weitgehend konstant, sodass ein Gestein trotz seiner detaillierten Zusammensetzung bei freiäugiger Betrachtung einheitlich wirkt.

Bims

Bims oder Bimsstein (über ahd. pumiʒ / bumeʒ ['pumiʒ] aus dem lat. pūmex, pūmicis m.) ein aufgeschäumtes vulkanisches Glas, dessen Dichte aufgrund sehr hoher und geschlossener Porösität kleiner ist als die von Wasser, was bedeutet, dass Bims in Wasser schwimmt. Seine Farbe kann stark variieren: Bims aus basaltischer Lava mit großen Blasen ist nahezu schwarz, mit zunehmendem Luftgehalt und abnehmender Blasengröße wird die Farbe heller, so dass auch nahezu weißer Bims möglich ist (etwa im Norden von Lipari), sowie sämtliche Zwischentöne (etwa Gelb-Grau). Eventuell die Porengrenzen durchdringend können (auch bunte) Einlagerungen wie vulkanisches Glas und Kristalle vorkommen. Gelbtöne im Bims entstehen auch sekundär durch Verwitterung.

44

Abbildung 22. Bims

Abbildung 23. Bims

Tuff

Als Tuff (italienisch tufo, vom gleichbedeutenden lateinisch tofus), verdeutlichend auch Tuffstein genannt, bezeichnet man in der Petrografie ein Gestein, das zu mehr als 75 % aus Pyroklasten aller Korngrößen besteht. Bei den Tuffen handelt sich um vulkanisches Eruptivgestein, das sich verfestigte. Die Farben der weltweit vorkommenden vulkanischen Tuffe reichen von grau über gelblich, bräunlich und rötlich bis kräftig rot. Aufgrund der vulkanischen Gaseinschlüsse ist Tuff häufig sehr porös. Im technischen Sinne handelt es sich nahezu bei allen Typen um Weichgesteine. Daher wurden Tuffe im Bauwesen früher gerne als Mauersteine und Tuffziegel, heute vor allem für Platten an Fassaden verwendet, für Restaurierungsarbeiten wie auch für Steinbildhauerarbeiten.

Aufgrund seiner kulturhistorischen Bedeutung wurde Tuff in Deutschland zum Gestein des Jahres 2011 bestimmt.

Abbildung 24. Tuff

Abbildung 25. Tuff gehärtet.

Limonit

Limonit, auch Brauneisenerz oder Brauneisenstein genannt, ist ein sehr häufig zu findendes, eisen- und wasserhaltiges Gemisch verschiedener Eisenoxide wie Goethit, Lepidokrokit und verschiedener anderer hydratisierter Eisenoxide. Zusätzlich wurden an einigen Fundorten auch Beimengungen von Hämatit gefunden. Daher wird Limonit heute nicht mehr als eigenständiges Mineral angesehen.

Durch Glühen setzt Limonit Wasser frei, dehydratisiert also. Um festzustellen, ob ein ockerfarbiges Gestein oder eine potenzielle Farberde Limonit enthält, hält man eine Probe über eine Gasflamme, bis sie rot zu glühen beginnt. Hat sie sich nach dem Abkühlen ins Rote oder Purpurne verfärbt, handelte es sich um Limonit. Damit erklärt sich auch, dass viele gelbe Tone nach dem Brennen rötliche Töpfer- oder Ziegeleiwaren (z. B. Terrakotta) ergeben. Auf demselben Effekt beruhen die Pigmente gebrannter Ocker, gebrannte Siena oder gebrannte Umbra.

Abbildung 26. Limonit

Rhyolith

Rhyolith ist ein felsisches, in seiner chemischen und minera-
logischen Zusammensetzung dem Granit entsprechendes
vulkanisches Gestein. Es ist mit einem Gesamtanteil von
65–75 Gewichtsprozenten das $SiO2$-reichste unter den felsi-
schen Vulkaniten. Die veraltete Bezeichnung für Rhyolithe,
die vor dem Mesozoikum gebildet wurden, ist Quarzpor-
phyr. Ein ebenfalls veralteter Begriff für Rhyolith ist Liparit.

Abbildung 27. Rhyolith

Abbildung 28. Rhyolith mit Streifen

Dazit

Dazit (auch Dacit) ist ein felsischer, sauer bis intermediärer Vulkanit und als solcher das vulkanische Pendant zum Granodiorit. Dazitische/granodioritische Magmen sind subalkalisch und gehören zur kalkalkalischen Vulkanitserie (mit mittlerem Kaliumgehalt). Sie sind außerdem metaluminos (A'/F < 0,33), übersättigt an SiO_2 und Quarz-normativ.

Paläovulkanische Dazite werden als Quarzporphyrit bezeichnet. Der Name »Dazit« leitet sich von der ehemaligen römischen Provinz Dacia ab.

Abbildung 29. Dazit

Über dieses Buch

Die Idee für dieses Buch kam bei der Durchsicht der mitgebrachten Fundstücke und der Befundung. Die sehr guten Wikipediatexte waren eine gute Grundlage für einen knappen erklärenden Bildtext.

Erstellung

Dieses Buch wurde mit der Asciidoctor-pdf erstellt. AsciiDoc ist eine vereinfachte Auszeichnungssprache, die dazu dient, Texte in verschiedenen Dokumentenformaten zu veröffentlichen. Das Konvertierprogramm steht unter der freien GNU General Public License (GPL).

Titelbild

Standort auf Nea Kameni mit Aussicht auf Palea Kameni.

Alle Abbildungen, wenn nicht anders beschrieben

Photograph: Volker Lapczynski mit Nikon Df und Samsung Galaxy Note 3

Alle Fundstücke

Isabella Radtke

Idee und Reiseplanung

Ingrid Radtke

Über die Autoren

Isabella Radtke, Ingrid Radtke und Volker Lapczynski leben in Oslo/Norwegen. Sie haben schon die Vulkane der Kanarischen Inseln, Siziliens und die Vulkaninsel Island besucht.

Abbildung 30. Die Autoren 2017 auf Island. Nordurfjordur auf der Halbinsel der Westfjorde im Hintergrund.

Anschrift
Volker Lapczynski
Rosendalsveien 3-B
N-1166 Oslo
Vulkan@Radiology.no

Wikipedia

Dieser Text basiert auf mehreren Artikeln aus der freien Enzyklopädie Wikipedia.de und steht unter der Lizenz Creative Commons CC-BY-SA 3.0 Unported. Da die Wikipedia Formulierungen sehr gut verständlich sind wurden teilweise ganze Artikel aus der Wikipedia übernommen. Der Schwerpunkt dieses Buches liegt nicht darin, selber exakte Definitionen neu zu formulieren. Vielmehr soll dieses Buch eine übersichtliche und leicht verständliche Zusammenfassung des Gebietes geben. In der Wikipedia.de ist eine Liste der Wikipedia Autoren verfügbar.

Glossar

Ader

Die Ader (von althochdeutsch adra; mittelhochdeutsch âder: Bezeichnung für strangartige Gebilde wie Sehnen, Bänder, Nerven und Blutgefäße) bezeichnet in der Geologie und im Bergbau einen kleinen Gang. Ein Gang ist ein meist langgestreckter, platten- oder linsenförmiger Gesteinskörper, der die Füllung einer Spalte in einem anderen Gesteinskörper darstellt. Dieser andere Gesteinskörper, das heißt das den Gang umgebende Gestein, wird hierbei als Nebengestein bezeichnet. In Mineralgängen sind Minerale aus wässrigen Lösungen ausgefällt worden, in Gesteinsgängen sind magmatische Schmelzen eingedrungen und auskristallisiert. Auch Spaltenfüllungen aus Sedimenten werden mitunter als Gänge bezeichnet.

Amorphe Festkörper

Die Physik der amorphen Festkörper ist vielschichtig, weil hierunter alle Festkörper zusammengefasst werden, die keine regelmäßige Struktur besitzen. Die meisten Gläser oder manche erstarrte Flüssigkeiten sind nur einige Vertreter dieser Gattung. Mit dem Verlust einer makroskopischen Struktur gehen auch viele typische Eigenschaften eines Kristalls verloren. Beispielsweise sind die meisten amorphen Festkörper schlechte elektrische Leiter.

Ägäis

Das Ägäische Meer oder die Ägäis (altgriechisch Α γα ος πόντος, Α γα ον πέλαγος, Α γα ος Aigaîos póntos, Aigaîon pélagos, Aigaîos, neugriechisch Αιγαίο Πέλαγος (n. sg.) Egeo Pelagos, lateinisch Mare Aegaeum, Aegaeum Mare, Aegaeum, türkisch Ege Denizi), ist ein Nebenmeer des Mittelmeers.

Bronzezeit

Die Bronzezeit ist die Periode in der Geschichte der Menschheit, in der Metallgegenstände vorherrschend aus Bronze hergestellt wurden. Diese Epoche umfasst in Mitteleuropa etwa den Zeitraum von 2200 bis 800 v. Chr.

Caldera

Eine Caldera (spanisch für Kessel; portugiesisch Caldeira) ist eine kesselförmige Struktur vulkanischen Ursprungs.

Freske

Die Fresko- oder Frischmalerei (italienisch a fresco, affresco, al fresco; deutsch »ins Frische«) ist eine Technik der Wandmalerei, bei der die zuvor in Wasser einge- sumpften Pigmente auf den frischen Kalkputz aufgetra- gen werden. Bei der Carbonatisierung des Kalkes werden die Pigmente stabil in den Putz eingebunden. Fachleute nennen diesen Vorgang auch Einsinterung. Das fertige Wand- oder Deckenbild wird das Fresko oder seltener die Freske genannt. Der ausführende Künstler wird als Fres- kenmaler oder Freskant bezeichnet.

Fumarole

Eine Fumarole (lat.-it.; Mehrzahl: Fumarolen) ist eine vulkanische Exhalation (d. h. Dampfaustrittsstelle) im Bereich von vulkanisch aktiven Gebieten, aus der vorwiegenden Wasserdampf und zum Teil vulkanische Gase austreten.

Fumarolen entstehen, wenn sich in der Tiefe nur wenig Wasser befindet. Durch den fehlenden Druck wird das Wasser vor seinem Austritt vollständig in Dampf umgewandelt. Fumarolen werden durch die Temperatur und Art der Gase, die aus ihnen austreten, klassifiziert. Die Temperaturen der Gase können zwischen 200 °C und 800 °C liegen. Die meisten Fumarolen scheiden zwar vorwiegenden Wasserdampf aus, oft treten aber auch andere vulkanische Gase aus, die sich teilweise an der Austrittsstelle abscheiden. Durch Oxidation und Thermophile Bakterien)thermophile (wärmeliebende) Bakterien entsteht so die für Fumarolen charakteristische bunte Färbung. Exhalationen, die reich an Schwefelverbindungen wie Schwefelwasserstoff sind, werden Solfataren genannt; »Kalte« (unter 100 °C) Kohlendioxid-Exhalationen heißen Mofetten. In der Umgebung von in Bodensenken liegenden Mofetten kann sich das Kohlendioxid anreichern, da es schwerer ist als Luft, und so bei Tieren und Menschen zum Tod durch Erstickung führen.

Durch Veränderungen können Fumarolen vulkanische Aktivität anzeigen. Wenn ihre Temperatur zunimmt oder sich die Zusammensetzung des austretenden Gases drastisch ändert, kann dies ein Indiz für einen neuen Vulkanausbruch sein. So stiegen die Temperaturen der Fumarolen auf der Insel Vulcano, die seit über 100 Jahren ruhig ist, zwischen 1986 und 1993 von 300 °C auf über 700 °C an, was große Besorgnis auslöste. Erst als die Temperaturen wieder sanken, konnte Entwarnung gegeben werden.

In der Regel sind Fumarolen, ebenso wie die anderen Exhalationen, postvulkanische Erscheinungen; ihre Existenz deutet dann auf abklingenden Vulkanismus hin.

Gestein

Als Gestein bezeichnet man eine feste, natürlich auftretende, in der Regel mikroskopisch heterogene Vereinigung von Minerale, Gesteinsbruchstücken, Gläsern oder
Rückständen von Organismen. Das Mischungsverhältnis
dieser Bestandteile zueinander ist weitgehend konstant,
sodass ein Gestein trotz seiner detaillierten Zusammensetzung bei freiäugiger Betrachtung einheitlich wirkt.
Die Untersuchung der Lithogenese (altgriechisch λίθος
lithos = Stein, Fels, Gestein), Petrogenese (πέτρος petros =
Stein) oder Gesteinsbildung ist zentrales Gebiet der
Petrologie und Geologie, aber auch der Geophysik und
Geochemie.
Die meisten Gesteine der Erdkruste (und auch der ter-
restrischen Planeten) sind Silikatgesteine (Hauptbestand-
teile Feldspäte und Quarz), nur ein kleiner Prozentsatz
sind Karbonate.

Gesteinklassen

Gesteine lassen sich entsprechend ihrer Entstehung grob
in drei Klassen unterteilen: magmatische Gesteine, Sedimentgesteine, und Metamorphe Gesteine. Innerhalb dieser Klassen wird weiter untergliedert.

Grundgebirge

Grundgebirge (nach dem englischen Fachausdruck auch Basement genannt) ist die Bezeichnung für die geologisch älteren, von mindestens einer Gebirgsbildung (Orogenese) erfassten und daher stets gefalteten, teilweise hochgradig metamorphen Krustenbereiche eines Kontinentalblocks.

Kristall

Ein Kristall ist ein Festkörper, dessen Bausteine – z. B. Atome, Ionen oder Moleküle – regelmäßig in einer Kristallstruktur angeordnet sind. Bekannte kristalline Materialien sind Kochsalz, Zucker, Minerale und Schnee – aber auch die Metalle. Aufgrund der regelmäßigen Anordnung der Atome bzw. Moleküle weisen Kristalle keine kontinuierlichen, wohl aber diskrete Symmetrien auf; man spricht von Translations- und Fernordnung. Die Wissenschaft von den Eigenschaften und Formen der Kristalle ist die Kristallographie. Der Begriff Kristall stammt von dem griechischen Wort κρύσταλλος (krýstallos, zu κρύος krýos »Eiseskälte, Frost, Eis«). Es bedeutet zunächst, bei Homer, »Eis« – später dann auch alles dem Eis Ähnliche, Helle und Durchsichtige. Insbesondere der Bergkristall, aber auch farbige Edelsteine und Glas werden so genannt. Bei dem bereits im antiken Griechenland betriebenen Bergbau wurden wahrscheinlich Quarz-Kristalle entdeckt. Sie wurden für Eis gehalten, das bei so tiefen Temperaturen entstanden sein müsse, dass es nicht mehr schmelzen könne. Diese Ansicht war bis ins frühe Mittelalter verbreitet. Über das lateinische crystallus hat sich die althochdeutsche Bezeichnung kristallo gebildet, die sich im Laufe der Zeit zu Kristall gewandelt hat. Im 19. Jahrhundert war auch Krystall gebräuchlich.kristalle kommen nartürlich vor, können aber auch im Labor gezüchtet werden.

Kykladen

Die Kykladen (griechisch Κυκλάδες Kyklades), auch Zykladen, sind eine Inselgruppe im Ägäischen Meer, die bis 2010 eine der beiden Präfekturen der griechischen Verwaltungsregion (Periferia) Südliche Ägäis bildeten. In der Antike wurden die Inseln als Kreis um das heilige Eiland Delos betrachtet, was zur Bezeichnung Kykladen (»Ringinseln«, κύκλος (kýklos) = Kreis) führte, während man die außerhalb dieses Kreises gelegenen Inseln Sporaden (»zerstreute Inseln«) nannte. Die Kykladen sind eines der beliebtesten touristischen Reiseziele in Griechenland.

Kykladenbogen

Der Kykladenbogen ist ein vulkanischer Inselbogen im südlichen Ägäischen Meer. Er ist ca. 450 km lang und 20 km bis 40 km breit und verläuft vom Isthmus von Korinth bis zur kleinasiatischen Bodrum-Halbinsel. Auf diesem Bogen liegen die griechischen Vulkaninseln Ägina, Methana (Halbinsel), Milos, Santorin, Nisyros, Gyali, Kos und Poros sowie der Unterwasservulkan Kolumbos und die kleinen, unbewohnten Christiana-Inseln.

In einer Zone südlich von Kreta (Tiefseegraben) schiebt sich die Afrikanische Platte mit gegenwärtig 5 cm pro Jahr unter die Ägäische Platte, eine Teilplatte der Eurasischen Platte. In Tiefen von ca. 150 bis 180 km wird das darüberliegendes Gestein oberhalb der unterschobenen Platte durch aus jener entweichende flüchtige Bestandteile (Kohlendioxid, Kristallgitterwasser, Halogene) geschmolzen. Durch diese dann in der Schmelze gelösten Gase bekommt das geschmolzene Gestein Auftrieb und steigt in einer bogenförmigen Zone ca. 120 km nördlich von Kreta in Form von Vulkanen wieder an die Erdoberfläche (vulkanische Produkte: Andesite, Dazite, Rhyolithe).

Mineral

Ein Mineral (aus mittellat. aes minerale »Grubenerz«, im 16. Jahrhundert nach französischem Vorbild geprägt) ist ein Element oder eine chemische Verbindung, die im Allgemeinen kristallin und durch geologische Prozesse gebildet worden ist. Minerale sind per Definition nur natürlich vorkommend. Das ist der hauptunterschied zu Kristallen die auch aus dem Labor kommen können. Der Plural lautet Minerale (in der Wissenschaft in Deutschland und Österreich verwendet) oder Mineralien (von Sammlern, Händlern und in der Deutschschweiz als Synonym zu Minerale verwendet). Die Lehre von den Mineralen ist die Mineralogie, die von ihrer Verwendung und Bearbeitung die Lithurgik.

Magmatisches Gestein

Magmatisches Gestein oder Erstarrungsgestein ist Gestein, das durch abkühlungsbedingtes Erstarren einer Gesteinsschmelze ()Magma) entstanden ist. Die Magma tite sind neben den Sedimentgesteinen (Sedimentiten) und den Metamorphiten eine der drei Gesteinshaupt gruppen. Der Chemismus des entstehenden Gesteins ist von mehreren Faktoren abhängig:

- Aufschmelzungsgrad (Anatexis)

- Chemismus des Ausgangsgesteins (Protolith)

- Einer möglichen chemischen Angleichung (Assimila tion) an das Nebengestein während des Magmenauf stiegs

- Dem Grad der magmatischen Differentiation wäh rend des Magmenaufstiegs sowie dem Druck-Tempe ratur-»Pfad« während des Aufstiegs

Metamorphes Gestein

Metamorphes Gestein oder Metamorphit ist Gestein, das aus einem Gestein beliebigen Typs infolge einer Erhöhung des Umgebungsdruckes bzw. der Umgebungstemperatur verhältnismäßig tief in der Erdkruste entsteht. Bei dieser Umwandlung wird der feste Zustand beibehalten. Der Umwandlungsprozess wird als Metamorphose bezeichnet.

Minoische Kultur

Nach dem mythischen König Minos wird die bronzezeitliche Kultur Kretas als minoisch, kretisch-minoisch oder kretominoisch bezeichnet. Die etwa gleichzeitige Kultur des griechischen Festlandes wird als helladische Kultur bezeichnet. Die minoische Kultur ist die früheste Hochkultur Europas. Ihre älteste Phase, Frühminoisch I verläuft parallel zur ersten bis vierten Dynastie Ägyptens.

- Frühminoische Zeit von ca. 2600 bis 1900 v. Chr.

- Mittelminoische Zeit von ca. 1900 bis 1600 v. Chr.

- Spätminoische Zeit, von ca. 1600 bis 1450 v. Chr.

Mofette

Eine Mofette ist der Austrittspunkt von Kohlenstoffdioxid (CO_2) mit Temperaturen unter 100 °C. Sie ist damit eine Unterart der Fumarole und wird als Begleiterscheinung von Vulkanismus angesehen. Der Name Mofette leitet sich vom italienischen Wort mofeta ab, welches vom lateinischen mefitis oder mephitis stammt. Es bedeutet so viel wie »schädliche Ausdünstung«. Außer Kohlenstoffdioxid können Mofetten auch Methan und Schwefelwasserstoff enthalten, in Spuren auch Helium und andere Edelgase. Sie können das umgebende Gestein an Störungen chemisch verändern. Schwefelwasserstoffanteile führen zu einem Geruch nach faulen Eiern. Mofetten können je nach dem umgebenden Erdreich und dem Wasseraustritt aus der Quelle unterschiedliche äußere Erscheinungsbilder haben. Das Spektrum reicht von trockenen Gasquellen bis zu kohlenstoffdioxidhaltigen Mineralquellen. Relativ trockene Mofetten ohne oder mit geringem Wasseraustritt können insbesondere nach Niederschlägen Schlammtöpfen sehr ähnlich sehen, sie werden immer wieder fälschlicherweise als kleine Schlammvulkane bezeichnet. Das aus Mofetten austretende Kohlenstoffdioxid kann sich in Senken ansammeln und die Luft verdrängen. Insbesondere in den Morgenstunden kommt es zu hohen Konzentrationen in Bodennähe. Wenn die Sonne speziell das Kohlendioxid erwärmt hat (höhere Absorption), steigt es auf und die Konzentration fällt rapide (Beispiel: die Bossoleto-Quelle in der Toscana). In bestimmten Landschaftsformen, in denen das Gas nicht so schnell abfließen kann, kann eine Mofette zur Gefahr für Mensch und Tier werden. Lebewesen sterben nach kurzer Zeit an Sauerstoffmangel oder durch die Ansäuerung des Blutes. In der Nähe von Mofetten finden sich daher oftmals für längere Zeit unzersetzt bleibende Tierkadaver.

Mohshärte

Dieser Härtewert lässt sich nur durch den Vergleich von mehreren Werkstoffen oder Werkstoffzuständen ermitteln. Harte Stoffe ritzen weiche. Diese Einsicht ist Grundlage der Härteprüfung nach Friedrich Mohs (1773–1839), die vornehmlich in der Mineralogie zum Einsatz kommt. Mohs, ein Geologe, ritzte verschiedene Minerale gegeneinander und ordnete sie so nach ihrer Härte. Durch das exemplarische Zuordnen von Zahlenwerten für weit verbreitete und somit leicht zugängliche Minerale entstand eine Ordinalskala, die Mohs-Skala, die in der Mineralogie und Geologie bis heute in weitem Gebrauch ist. Die Härteunterschiede zwischen den einzelnen Referenzmineralen sind nicht linear. Angaben zur Härte von Mineralen beziehen sich immer auf die Mohs-Skala, falls nichts anderes angegeben ist. Zum Vergleich aufgeführt ist die auch als absolute Härte bezeichnete Schleifhärte nach Rosiwal, die den Schleifaufwand des jeweiligen Stoffes charakterisiert und einen besseren Eindruck von den tatsächlichen Härteverhältnissen gibt. Beide Härteskalen sind einheitslos. Außerdem ist in der Tabelle die Härte nach dem Vickersverfahren angegeben. Sie gibt den besten Bezug auf die heute gängigen Härtemessverfahren wieder. In Bezug auf die Verwendbarkeit und Pflegebedürftigkeit von Mineralen als Schmuckstein wird oft auch eine etwas gröbere Einteilung angegeben. So gelten Minerale der Mohshärte 1 bis 2 als weich, von 3 bis 5 als mittelhart, und alle Minerale über der Mohshärte 6 werden als hart bezeichnet

Pliozän

Das Pliozän ist in der Erdgeschichte eine chronostratigraphische Serie (= Zeitintervall) des Neogen. Es begann vor etwa 5,333 Millionen Jahren und endete vor etwa 2,588 Millionen Jahren. Vor dem Pliozän liegt das Miozän. Nach ihm folgt das Pleistozän, die Eiszeit, mit einem Wechsel von Warm- und Kaltzeiten bis ins Holozän, der geologischen Gegenwart.

Sedimentgestein

Sedimente im geowissenschaftlichen Sinn sind verschiedene organische und/oder mineralische (anorganische) Lockermaterialien, die – nicht selten nach einem kürzeren oder längeren Transport durch Schwerkraft oder ein strömendes Medium – auf dem trockenen Land oder am Grund eines Gewässers abgelagert werden (akkumulieren). Sedimentgesteine, Ablagerungsgesteine oder Schichtgesteine sind mehr oder weniger feste Gesteine, die im Laufe geologischer Zeiträume aus solchen Sedimenten durch Diagenese hervorgegangen sind. Sedimente und Sedimentgesteine werden in klastische, biogene und chemische Sedimente untergliedert.

Spyridon Marinatos

Spyridon Nikolaou Marinatos (griechisch Σπυρίδων Νικολάου Μαρινάτος, * 4. November 1901 in Lixouri; † 1. Oktober 1974 auf Santorin) war ein griechischer Klassischer Archäologe. 1955 wurde er ordentliches Mitglied der Akademie von Athen und 1971 ihr Präsident. Spyridon Marinatos entdeckte 1967 die minoische Stadt Akrotiri auf der Insel Santorin. Die bronzezeitliche Stadt wurde bei der sogenannten Minoischen Eruption vom Vulkan der Insel verschüttet. Marinatos sah in der Eruption die Ursache für den Untergang der Minoischen Kultur. Der genaue Zeitpunkt des Vulkanausbruchs ist heute immer noch strittig, erwiesenermaßen führte er jedoch nicht unmittelbar zum Untergang der Minoischen Kultur. Marinatos glaubte, im Vulkanausbruch und dem Untergang der minoischen Kultur den historischen Kern von Platons Atlantis-Erzählung gefunden zu haben. Er kam beim Einsturz einer freigelegten Mauer bei den Ausgrabungen in Akrotiri ums Leben. Dort liegt er auch begraben und ein Gedenkstein erinnert an ihn. Die von ihm entdeckten Wandmalereien Akrotiris sind teilweise im Archäologischen Nationalmuseum in Athen, teilweise auf der Insel selbst in einem neu erbauten Museum zu sehen. Die Ausgrabungen wurden mit Unterbrechungen über 40 Jahre bis heute fortgeführt, seit Marinatos Tod unter der Leitung seines damaligen Assistenten Christos Doumas.

Subduktion

Subduktion (lat. sub »unter« und ducere »führen«) ist ein fundamentaler Prozess der Plattentektonik. Der Begriff bezeichnet das Abtauchen ozeanischer Lithosphäre am Rand einer tektonischen Platte in den darunter liegenden Teil des Erdmantels, während dieser Plattenrand gleichzeitig von einer anderen, angrenzenden Lithosphärenplatte überfahren wird. Beim Abtauchen der Platte erfahren deren Krustengesteine eine Metamorphose. Dabei steigt die Dichte des abgetauchten Teils derart an, dass er tief in den Erdmantel absinken kann.

Tektonische Störung

Eine Störung oder Dislokation bezeichnet in der Geologie eine tektonisch verursachte strukturelle Veränderung eines Gesteinsverbandes. Ältere Gesteine, die im Laufe ihrer geologischen Geschichte mehrfach tektonisch beansprucht wurden, weisen in aller Regel mehrere Generationen von Störungen auf, von denen nur die jüngste selbst ungestört ist.

VEI-Wert

Der Vulkanexplosivitätsindex, abgekürzt VEI (von englisch Volcanic Explosivity Index), ist eine Angabe der Stärke eines explosiven Vulkanausbruchs in Werten von 0 bis 8 auf einer logarithmisch gestuften Skala. Messgrößen sind vorrangig die Menge an ausgestoßenem vulkanischem Lockermaterial (Tephra), daneben die Höhe der Eruptionssäule sowie auch qualitative Beschreibungen. Eingeführt wurde sie 1982 von den US-amerikanischen Geologen Christopher G. Newhall und Stephen Self. Die Skala beginnt mit Stufe 0 und ist ab Stufe 2 logarithmisch aufgebaut, sodass die Klassengrenzen der nächsthöheren Stufen gemessen am Volumen ausgeworfenen pyroklastischen Materials einem jeweils zehnmal größeren Vulkanausbruch entsprechen. Beginnend mit einem harmlosen vulkanischen Ereignis reicht sie bis hin zu einem gigantischen Ausbruch mit globalen Auswirkungen der Stufe 8. Die Skala ist nach oben offen. Wissenschaftler weisen aber darauf hin, dass es sehr schwierig ist, die Stärke von Vulkanausbrüchen wirklich genau zu messen.

Vulkanische Bombe

Eine vulkanische Bombe (früher: Auswürfling) ist ein bei einem Vulkanausbruch ballistisch herausgeschleuderter Pyroklast, mit einem Durchmesser von mehr als 64 mm. Er besitzt gerundete Formen; die äußere Form und die Oberfläche weisen Anzeichen dafür auf, dass der Pyroklast während der Entstehung und des Transports geschmolzen war. In der älteren Literatur gilt jeder auf einer ballistischen Bahn herausgeschleuderte Pyroklast als Bombe. In der neueren Literatur werden dagegen eckige Pyroklasten dieser Größenklasse als vulkanische Blöcke bezeichnet. Pyroklastische Gesteine, die zu mehr als 75 % aus vulkanischen Bomben bestehen, werden Vulkanische Agglomerate genannt.

Stichwortverzeichnis